HORÓSCOPO SERPIENTE 2023

Angeline A. Rubi y Alina A. Rubi

Publicado Independientemente

Autora: Angeline A. Rubi y Alina A. Rubi

E-mail: rubiediciones29@gmail.com

Edición: Angeline A. Rubi

rubiediciones29@gmail.com

Introducción

El calendario chino es antiguo y complejo, y nunca ha sido simplificado. Muchas culturas sustituyeron el calendario Lunar por el calendario del Sol.

El calendario chino, islámico y hebreo, se rigen por las fases lunares. Es un sistema complicado ya que no solo se rigen por los ciclos lunares, sino que incluyen también el ciclo solar, el de Júpiter y Saturno.

Los chinos consideran que la energía universal está regida por el equilibrio. El concepto de Yin y Yang es el más importante dentro de ese equilibrio. Yin es opuesto a Yang y viceversa, pero juntos alcanzan el equilibrio total. Esta energía la podemos encontrar en todo lo que existe, lo tangible y lo intangible.

El simbol del Ying/Yang se divide en dos mitades, una es negra (Yin) y la otra blanca (Yang). Ambas partes están unidas en el medio por una elipse que las enlaza constituyendo una curva. Sus colores, negro y blanco significan que existe la dualidad, y que para que subsista una, innegablemente tiene que existir la otra. Dentro del Yin hay un círculo Yang, que simboliza que la oscuridad siempre requiere de la luz. Dentro del Yang encontramos un círculo Yin, indicándonos que dentro de la luz siempre encontraremos oscuridad.

La elipse que los une significa que todo fluye, se transforma y evoluciona. Si existe un desbalance de cualquiera de estas dos energías, Yin o Yang, nuestra vida no está equilibrada, ya que juntas se fortalecen. Nunca debemos pensar que una energía es superior a la otra, ambas deben concurrir equitativamente.

Desafortunadamente en nuestra sociedad existe una tendencia a favorecer la energía Yang, pensando que sus características son las más significativas. Al hacer esto creamos una división entre el plano espiritual y material, pues al reducir el valor de la energía Yin somo menos reflexivos pensando que la susceptibilidad es algo negativo, pues implica fragilidad.

Lo mismo sucede con la oscuridad, no solo la evitamos, sino que tenemos miedo de ella. Ambas energías son importantes. Solo podemos ser seres espirituales cuando hay un equilibrio entre el Yin y Yang porque no solo eres luz, sino también oscuridad. Es un error valorar y privilegiar lo fuerte, o la acción. Debemos apreciar y valorar lo femenino, y la sensibilidad, ya que solo de esa forma podremos alcanzar el verdadero equilibrio de nuestro ser, desde una posición de amor y firmeza.

En los signos del zodiaco chino están presentes la energía Yin y Yang, y ellas son las que estipularán las características de cada animal, y los elementos asociados a estos.

La energía Yin se vincula a lo oscuro, frío, femenino, la abstracción, lo profundo y la Luna. Los signos Yin son pensativos, sensitivos, y curiosos. Ellos son el Buey, el Conejo, la Serpiente, Cabra, el Gallo y Cerdo.

La energía Yang está relacionada a la luz, lo caliente, la superficialidad, el Sol y el pensamiento lógico. Son signos impulsivos, y materialistas. Ellos son: la Rata, el Tigre, Dragón, Caballo, Mono y Perro.

Las energías Yin y Yang se relacionan con los elementos, que a la vez estarán derivándose de los años en que estos sucedan. Cada elemento posee energía Yin y Yang.

- *Los años que terminan en el número* ***0*** *su elemento es el Metal, y están relacionados a la energía Yang.*
- *Los años que terminan en el número**1*** *su elemento es el Metal, y están relacionados a la energía Yin.*
- *Los años que terminan en el número* ***2*** *su elemento es el Agua, y están relacionados a la energía Yang.*
- *Los años que terminan en el número* ***3*** *su elemento es el Agua, y están relacionados a la energía Yin.*
- *Los años que terminan en el número* ***4*** *su elemento es la Madera, y están relacionados a la energía Yang.*
- *Los años que terminan en el número* ***5*** *su elemento es la Madera, y están relacionados a la energía Yin.*
- *Los años que terminan en el número* ***6*** *su elemento es el Fuego, y están relacionados a la energía Yang.*
- *Los años que terminan en el número 7 su elemento es el Fuego, y están relacionados a la energía Yin.*

- *Los años que terminan en el número 8 su elemento es la Tierra. y están relacionados a la energía Yang.*
- *Los años que terminan en el número* ***9*** *su elemento es la Tierra. y están relacionados a la energía Yin.*

Origen del Horóscopo Chino

El horóscopo chino es una tradición de más de 5000 años, y está basado en los años lunares.

La leyenda cuenta que Buda llamó a todos los animales, no obstante, sólo doce asistieron a su convocatoria en el siguiente orden: la rata, el Buey, el tigre, el conejo, el dragón, la serpiente, el caballo, la cabra, el mono, el gallo, el perro y el cerdo.

Cada animal recibió como regalo un año, formándose el ciclo de doce años que utiliza la astrología china. Por ende, cada signo tiene un nombre de un animal, y a cada animal le corresponde un año.

A cada animal también se le asignó uno de los cinco elementos que se corresponden con las energías planetarias:

- *agua (Mercurio)*
- *metal (Venus)*
- *fuego (Marte)*
- *madera (Júpiter)*
- *tierra (Saturno)*

El Horóscopo chino expresa la analogía de las energías cósmicas con cada individuo. Por esa razón la energía de cada persona está representada por uno de los doce animales que forman este sistema zodiacal.

Cada animal y la energía que te corresponde está determinada por tu fecha de nacimiento. Estas energías definen tus comportamientos, y como percibes el mundo. Para los chinos estos signos simbolizan las particularidades más notables de nuestro carácter. Para entender adecuadamente el significado de los animales tenemos que verlos como símbolos espirituales.

El Horóscopo Chino no está basado en el ciclo solar, sobre el que se fundamenta el horóscopo occidental. Está basado en los ciclos de la Luna. Cada año lunar tiene doce lunas nuevas y cada doce años una decimotercera, por tanto, un año nuevo nunca coincide con la fecha del año anterior.

Los doce animales del horóscopo chino influencian en la vida, suerte y voluntad de todos los seres humanos. Estas cualidades no se manifiestan abiertamente en la vida diaria, pero siempre están presentes, actuando en forma de fuerzas ocultas.

El período chino de doce años está vinculado con el tránsito del planeta Júpiter, y cada año lunar chino en la astrología occidental se corresponde casi al tiempo de duración del tránsito de Júpiter por un signo zodiacal. Júpiter se halla siempre en el signo de la astrología occidental que tradicionalmente se corresponde con el animal del horóscopo chino.

Tu Ascendente según el Horóscopo Chino.

Juntamente con tu signo del horóscopo chino, también tienes un ascendente determinado por tu hora de nacimiento. Este animal tendrá una influencia fuerte en la imagen que proyectas hacia los demás, y en los acontecimientos de tu vida. Debes leer también el horóscopo para el animal que representa tu ascendente.

Este signo del ascendente simboliza la energía que puedes llegar a desarrollar, y las características, que, esforzándote, puedes adquirir. Esa es la razón por la cual en ocasiones tenemos diferentes atributos a los relacionados a nuestro signo.

En el horóscopo chino es muy sencillo determinar tu ascendente, el único dato que necesitas es tu hora de nacimiento.

Hora de nacimiento	***Animal ascendente***
11.00 p. m. a 12.59 a. m.	*Rata*
1.00 a. m. a 2.59 a. m.	*Buey*
3.00 a. m. a 4.59 a. m.	*Tigre*
5.00 a. m. a 6.59 a. m.	*Conejo*
7.00 a. m. a 8.59 a. m.	*Dragón*
9.00 a. m. a 10.59 a. m.	*Serpiente*
11.00 a. m. a 12.59 p. m.	*Caballo*
1.00 p. m. a 2.59 p. m.	*Cabra*
3.00 p. m. a 4.59 p. m.	*Mono*
5.00 p. m. a 6.59 p. m.	*Gallo*
7.00 p. m. a 8.59 p. m.	*Perro*
9.00 p. m. a 10. 59 p. m.	*Cerdo*

Combinaciones de los Signos.

Ascendentes de la Serpiente

Serpiente ascendente rata

Nacieron de 11pm a 1 am. Son cariñosos, tradicionales y familiares. Tienen un corazón oro.

Serpiente ascendente buey

Nacieron de 1 am a 3 am. Son personas muy fuertes de carácter. Son inteligentes y perspicaces.

Serpiente ascendente tigre

Nacieron de 3 am a 5 am. Son muy desconfiados y bruscos. En ocasiones son agresivos.

Serpiente ascendente conejo

Nacieron de 5 am a 7 am. Son calculadores y manipuladores. Son muy solitarios y tímidos.

Serpiente ascendente dragón

Nacieron de 7 am a 9 am. Son exitosos, y les gusta hacer cambios constantemente en sus vidas sin contar con los demás. Muy seguros de sí mismos.

Serpiente ascendente serpiente

Nacieron de 9 am a 11 am. Son ermitaños y desconfiados. Sus ideas siempre son certeras. Tienen mucho entusiasmo.

Serpiente ascendente caballo

Nacieron de 11 am a 1 pm. Son muy alegres, pero calculadores. Son seductores y siempre consiguen lo que quieren.

Serpiente ascendente cabra

Nacieron de 1 pm a 3 pm. Son ingenuos, creativos, y muy emprendedores. Siempre tienen que estar haciendo algo, son muy hiperactivos.

Serpiente ascendente mono

Nacieron de 3 pm a 5 pm. Son super divertidos y alegres. Su simpatía es contagiosa. Tienen facilidad para hacer amistades.

Serpiente ascendente gallo

Nacieron de 5 pm a 7 pm. Son autoritarios, egocéntricos y competitivos. Son obstinados y porfiados.

Serpiente ascendentes del perro

Nacieron de 7 pm a 9 pm. Son empáticos, amables y astutos. Algunas veces les gusta ganar a expensas de los demás

Serpiente ascendentes del cerdo

Nacieron de 9 pm a 11 pm. Son encantadores, y serviciales. Su ego llega al infinito, y esto les trae conflictos con los demás.

Elemento Chino del Año 2023, el Agua

Este año le rinde tributo al agua, es decir el Yin será el elemento del año. El mismo simboliza la compasión, tranquilidad, el discernimiento y la simplicidad. El agua representa el despertar intuitivo, es una llamada a depurar nuestra conciencia. Este año se abre un portal a la meditación para que podamos encontrar la paz interior. Es una señal para abrir nuestra mente y el corazón, y será la única forma que podremos recibir lo nuevo.

La creatividad es una de las principales cualidades que caracterizan a este elemento, también la adaptabilidad. Sin agua no es posible la existencia de ningún organismo en el planeta tierra, el agua es pura y cristalina, características que reúnen los que poseen este elemento.

El elemento agua en la astrología china representa la sabiduría, y la habilidad de adaptarse a cualquier situación. El agua, por naturaleza, drena y humedece. Cala todas las fisuras, adquiere cualquier forma, es el mejor diluente y arrasa todo en su camino, destruyendo incluso las piedras.

Las personas que pertenecen a los signos del elemento agua pueden usar moderadamente las aptitudes de los demás y apartar fácilmente todos los obstáculos de su camino. No obstante, sus propósitos pueden verse dañados por su escasez de fortaleza. Los que pertenecen a este elemento son impetuosos, van al extremo de las cosas, pero también son proclives al análisis y se acomodan bien a cualquier circunstancia. Son afables, tolerantes y tienen mucha intuición lo que les permite predecir posibles sucesos.

Significado de los Elementos en el Horóscopo Chino

Metal

Las personas que nacieron en los años que terminan en 0 o 1 en el horóscopo chino están categorizadas dentro del elemento metal. El metal, materia de la que están confeccionados los escudos y las espadas, es el elemento que simboliza la firmeza, y la honestidad, pero también la severidad.

El Metal es el elemento del otoño, estación de la recolección y abundancia. Es dual como las funciones de su elemento, ya que en forma de espada liquida, y de cuchara alimenta. El Metal procede de la tierra, es dominado por el Fuego y transfigura la madera.

La personalidad de estos individuos que pertenecen al elemento metal tiene una tendencia a ser fuertemente ambivalente. Ellos se desenvuelven mejor cuando están solos ya que así no tienen que rendirle cuentas a nadie.

Son decididos, forjadores de su destino, tercos, profesionales e indiferentes a cualquier intento de compromiso. Su libertad es lo primordial, y es inútil intentar presionarlos, y mucho menos ayudarlos, porque no escuchan a nadie y no aceptan intrusiones e impedimentos. Eligen contar sólo consigo mismo, y no se dejan impresionar por nadie, ya que son poderosos y están capacitados para ejecutar grandes trabajos.

Para ellos no existen dificultades que los detengan, y aunque una situación se torne insostenible ellos resisten hasta el final. Son ambiciosos y calculadores, aman el dinero, poder y éxito, y no escatiman en los medios para alcanzar sus propósitos, aunque eso signifique romper relaciones.

Están diseñados para las carreras que les faculten expresar su elemento: joyeros, financieros, seguros de cualquier tipo, cerrajeros, mineros, cirujanos, y para cualquier contexto que les permita distinguirse de los demás. También pueden obtener éxito en profesiones conectadas con la madera o el papel. Le resultarán beneficiosas las relacionadas con el agua, las que tienen relación con la tierra pueden causarles conflictos y deben alejarse de aquellas que se relacionan con el elemento fuego.

No les interesan los sentimientos, y no se conmueven por las dificultades de los demás, hasta el punto de llegar a manipularlos si con eso pueden obtener alguna ventaja. Los que sufren las consecuencias son específicamente las personas del elemento madera, ya que los manipula y somete con agresiones frontalmente. Sin embargo, las personas del elemento agua, como son receptivas reciben un empujón efectivo que les beneficia enormemente. Los únicos que realmente pueden doblegarlos son los individuos que pertenecen al elemento Fuego, ya que dominan su insensibilidad y su severidad con una contagiosa emoción.

Físicamente puedes reconocer a una persona del elemento metal por su mirada tristona y el color anémico de su cara. Es frágil, propenso al estrés, y puede verse afectado por los cambios de temperaturas, y de una nutrición escasa. Esa es la razón por la que deben estimular su apetito, enfatizando los comidas que tengan picantes.

La estación más favorable para ellos es el Otoño, y durante la misma puede desarrollar al máximo sus potencialidades, aunque eso no significa que deba excederse, o ser testarudo. Debe usar ropas blancas, y utilizar como amuleto metales, y cuarzos blancos.

El Metal es rígido y tajante, no le teme al peligro. Es un tipo de persona independiente, que, animada por la codicia, procede con perseverancia, se concentra en el éxito, planifica por adelantado, y detesta lo espontáneo.

Una vez que adopta un camino no lo cambia. A pesar de su insensibilidad externa las personas de este elemento irradian un magnetismo que lo perciben todos con quienes se conectan. No obstante, para beneficiarse de sus habilidades, deben aprender a ser menos dogmáticos ya que esto interfiere en sus relaciones.

Las personas nacidas bajo el elemento metal deben educarse, para que puedan expresar sus emociones. Si no lo hacen sentirán que disminuyen sus energías.

Tierra

Las personas que nacieron en los años que terminan en los números 8 o 9 pertenecen al elemento tierra. A este elemento le corresponden las características de la firmeza, persistencia y fecundidad. Aunque en la astrología china, la Tierra no tiene una estación propia, se relaciona en el calendario con las últimas dos o tres semanas de las otras estaciones.

La Tierra es el elemento que representa la estabilidad, y lo tangible, pero si existe un exceso transforma a las personas en cautelosas, recelosas y testarudas, restringiendo sus iniciativas y fantasías.

La persona del elemento tierra es paciente y humilde, siempre trabaja con constancia, sin otorgarse un instante de regocijo o desorden. No se cansa nunca, y puede ser tan afanoso y materialista, como ingenuo y prudente. Su característica más incuestionable es su desánimo acentuado. Es demasiado serio, le encanta planificar y dirigir, se siente horrorizado por las casualidades, y, aunque es inteligente y tiene una memoria excepcional, le molesta mostrarse resplandeciente.

Infatigablemente reflexivo, ambicioso y angustiado, se expone de esta forma a recargar el bazo, un órgano relacionado con este elemento, y que se debilita cuando la persona tiene una mentalidad aguda.

La persona que pertenece a este elemento cimienta las relaciones personales paulatinamente, pero perdura por mucho tiempo. Es muy devoto y defensor en el amor, siempre listo a contraer y cumplir sus responsabilidades, y aunque no es demostrativo en sus emociones es un hombro con el que siempre se puede contar porque estará a tu lado en los momentos que lo necesites.

En su trabajo son serios y de carácter retraído, pero también organizados, y de confiar. Son las personas indicadas para llevar los negocios con una moralidad, austeridad y honradez a prueba de fuego. Su raciocinio los hace ser insuperables intermediarios en los problemas, contribuyendo con sus propias salidas prácticas y oportunas. Es competente para profesiones que requieran destreza, pero que no involucren tomar iniciativas, o situaciones de liderazgo.

Aunque no es una persona fácil de soportar, por lo caprichosa y nostálgica que es, y por su incompetencia de ser alegre, se conecta bien con el elemento metal, al que inculca estabilidad, y con el agua, al que logra contener y gobernar diestramente.

Usualmente tiene conflictos con el elemento madera, ya que, aunque la protege en ocasiones también la sofoca, y con el Fuego, que lo impulsa tanto como lo debilita.

El elemento tierra, se relaciona con el planeta Saturno. Debe ser muy cuidadoso con él consumo de dulces, algo que le encanta, ya que es afín con su elemento. Deben escoger siempre el dulce natural, y limitar el uso de azúcar blanca ya que esto destruye el calcio de su sistema óseo. Su otro punto débil es el sistema digestivo, que suele castigarle fuertemente, por esa razón debe conservar una dieta liviana y de cómoda digestión. Es recomendable que busque el contacto directo con la madre Tierra, caminando descalzos por la arena o en el campo.

Su color de la suerte es el amarillo, y sus cuarzos el topacio, y la citrina.

La Tierra representa la riqueza, sensatez, el materialismo, y la seguridad. Estas personas suelen ser introspectivas lo que les hace tener una gran capacidad de raciocinio. La Tierra es el recipiente de la vida y esto sella de forma imborrable a los nacidos bajo el influjo de este elemento, ya que son personas estables en quién puedes delegar.

La tierra se alimenta del fuego, generando una gran energía que calienta y funde al metal, puede llegar a someter al agua, y ser consumida por la madera.

Para sentirse bien, la persona del elemento tierra necesita seguridad material, aunque hay que destacar que es hacendoso, formal y organizado. Se le puede recriminar por ser pretensioso, pero por sus méritos ellos avanzan hacia sus metas lentamente, obteniendo resultados estables.

Fuego

Las personas que nacieron en los años que terminan en 6 o 7 se corresponden con el elemento fuego. A este elemento le pertenecen la pasión, la valentía y el liderazgo. El elemento fuego es el elemento de la estación del verano, donde todo fructifica y llega a su consumación. Está relacionado al planeta Marte, beneficioso, pero en ocasiones impulsivo. Es desmedidamente estéril y simboliza a la persona que sobresale, pero también que maltrata de los demás. Combativo, vanidoso, e irritable, la persona de este elemento pasa del enojo al júbilo desenfrenadamente.

Desde niño tiene una personalidad de líder, la ambición está presente en su vida, le gustan los peligros, la risa, el entusiasmo y el conflicto. Las dificultades en vez de amilanarlo lo incitan a proceder, y en estos casos sufren una metamorfosis violenta.

Estas personas nacieron para vencer, pero no saben admitirlo, porque no alcanzan a observarse y explotar sus energías. Geniales en el área militar, el deporte, y como jefes, ya que los demás perecen ante su carisma. Saben cómo utilizar las energías del elemento madera, utilizando su genialidad a su servicio, e induce en las personas del elemento tierra el coraje vital para seguir avanzando. Las personas del elemento agua tienden a extinguir su pasión, y las del metal los colocan a prueba con una rigidez que drena su campo energético.

El órgano más fácilmente dañado en estas personas es el corazón, existe la posibilidad de que sufran taquicardias. Además, pueden sufrir de los oídos, y el intestino. Deben usar ropas de colores vivos, entre los que prevalezca el rojo, y también usar como amuletos los cuarzos como granates y hematitas. También debe utilizar incienso y velas.

Desprendidas, apasionadas y oportunistas estas personas tan carismáticas, se comunican bien y se centran en la acción. Su egoísmo y deseos de triunfar son incalculables y sólo confían en su propios puntos de vistas. Tienden a descuidar los detalles ya que a veces son testarudas y se embarcan en metas que requieren trabajos intensos.

Las personas nacidas bajo la influencia del elemento fuego son positivas, siempre dan lo mejor y se implican en todo lo que hacen con amor y con voluntad. Sus energías sirven para sustentar a quienes están en su entorno y carecen de ella.

El fuego calienta el hogar, nos permite preparar los alimentos. Este elemento nutre la tierra a través de las cenizas, se alimenta de leña seca, es decir la madera, su calor domina el metal, es decir, lo hace flexible, y solo puede ser dominado por el agua.

Un líder siempre tiene abundancia del elemento fuego y siempre se inclina a tomar decisiones rápidas. Le atraen las ideas poco convencionales, no le teme al peligro, y siempre está en movimiento. Es importante que aprenda a tener inteligencia emocional, porque la arrogancia puede fortalecer su egoísmo y hacer que sea incontrolable, específicamente cuando tropieza con obstáculos. Este estilo autodestructivo es principalmente sobresaliente en la juventud.

El éxito acompaña a las personas del elemento fuego, pero ellos deben tener mucha cautela con la inestabilidad y la inquietud, que son las insuficiencias más usuales de los nacidos bajo el fuego. Es mejor dominar estos defectos, para no ser esclavizados por ellos. Deben buscar un lugar tranquilo donde puedan estar en paz, y la meditación también les aportará equilibrio.

Las personas del elemento fuego son tenaces, y lucrativas.

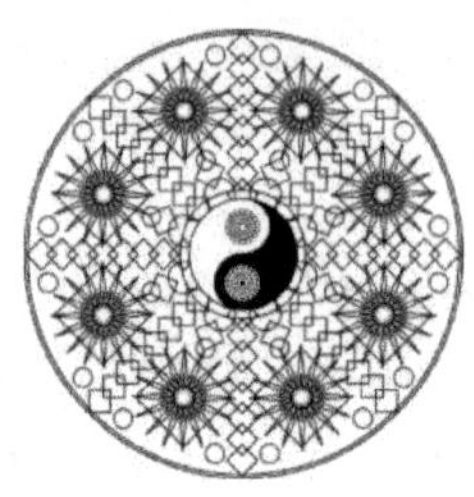

Madera

Las personas que nacieron en los años que terminan en los números 4 o 5 pertenecen al elemento madera. La madera es el elemento que simboliza la armonía, belleza, y creatividad. Tienen un grado de confianza en sí mismas muy alto, y una voluntad de hierro, lo cual las convierte en las personas apropiadas a la hora de luchar por una causa justa.

La madera se relaciona con el planeta Júpiter, es el más beneficioso de los elementos, símbolo de permanencia y conocimientos. Adaptable, se dobla cómodamente, y tiene múltiples usos, caracterizando a las personas comunicativas, dadivosas y honestas.

Las personas del elemento madera, son creativas, y vitales, pero algunas veces son dispersas e incapaces de encontrar su camino y cumplir sus propósitos. Confían en los demás hasta la inocencia, y les gusta codearse con todo el mundo, descubrir siempre cosas nuevas para divulgar y satisfacerse. Le atraen la naturaleza, y los niños, y le da prioridad a la familia.

Ocasionalmente tiende a tener expectativas imposibles, y tienen la costumbre de menospreciar su cuerpo, se excede con las comidas y se deja envolver por la pasión y la sensualidad. Acostumbran a elegir parejas del elemento agua, de quienes absorben audacia y apoyo, y de los de fuego, a los que benefician suministrándoles sus ideas brillantes.
No se lleva muy bien con el elemento metal, que lo arruinan sin clemencia.

El elemento Madera se reconoce por el color verdoso. Estas personas deben cuidarse los ojos.

Con la madera se construyen refugios, por eso nos protege. La madera coincide con la creatividad del agua, y gracias a esa cualidad entienden y ayudan a los demás.

Los nacidos bajo el elemento madera tienen conflictos internos para someterse a las reglas y tradiciones donde el criterio severo está constantemente vigente. Este elemento nutre el agua y, a la vez, es combustible para el fuego. Su energía la aspira la tierra, y es subyugada por el metal.

La personas del elemento madera siempre obtienen grandes triunfos, y tienen una estructura codiciada. Sus vocaciones son versátiles. Ellos le conceden mucha importancia a la integridad, esforzándose por encontrar un lugar permanente en la vida. Creer en el éxito, y su capacidad de análisis le dan la coyuntura de afrontar los problemas más complejos sin titubear. Con un poder de convencimiento increíble, funcionan en muchas áreas, ya que siempre tienen como propósito el desarrollo y la transformación.

Su voluntad natural los ayuda a avanzar, y siempre encuentran respaldo y el capital necesario, ya que las otras personas cuentan con su capacidad para transformar ideas en riqueza.

Su principal obstáculo es llevar las cosas al extremo. La ira, y el coraje contenidos afectan absolutamente de forma negativa las energías de este elemento. Estar cerca de los árboles, y tocarlos equilibra el elemento madera.

En el trabajo, los individuos que pertenecen al elemento madera son ordenados, inteligentes e ingeniosos. En las actividades comerciales, son más fructíferos cuando el trabajo es en equipo, y está bien estructurado.

Ninguna área de trabajo relacionada con su elemento es desfavorable, pero las afines con el fuego pueden afectarlo en cierta medida, y las que se relacionan al metal los arruinarán.

Agua

El elemento más insensible y tenebroso, afín a el invierno, la longevidad y el planeta Mercurio, es el regente de la comunicación y de las afectos profundos.

Un individuo del elemento agua es sensible, pero hermético. Es caritativo, sentimental y frágil, odia las críticas y, por esa razón opta por actuar encubierto para resguardarse. Es cordial, elocuente y a la vez prudente, y sabe vencer los contratiempos sin presumir, con astucia, sagacidad y con perseverancia. De esta forma alcanza sus metas, indirecta y silenciosamente, dando la sensación de ser considerado y comprensivo.

Carecer de energías significa un problema para el elemento agua, si no aprende a nivelar su impotencia con la fuerza que procede de la reflexión y de la comunicación con las zonas profundas de su ser. El pánico es siempre el cordón guía de su vida dramática, a menudo vivida en la oscuridad por el temor a mostrarse y luchar.

En el plano profesional se cohíben por la competencia, sin embargo, rinden bien en lugares despejados y resguardados, como las escuelas, librerías, redacciones o cualquier lugar donde la comunicación, oral o escrita, sea el mecanismo primordial, y en compañía de colegas pacíficos que se ajusten a su personalidad, como, por ejemplo, alguien del elemento madera, con quien coincide el deseo de sabiduría, o con el metal, de quien obtiene decisión. Contrariamente no se adapta al elemento fuego, a quienes extingue y desalienta, ni a los individuos que pertenecen al elemento tierra, con quienes se siente limitado, condicionado, y obstaculizado.

El color negro, es el que les favorece, pero deben usarlo con mesura porque tiende a desanimarlos. Lo mismo sucede con los cuarzos oscuros, que atraen la suerte, como el azabache, el Ónix y la turmalina. Para sacar el mejor provecho de sus cualidades, sin llegar a los extremos, y para no dispersarse, la persona del elemento agua debe comenzar sus planes en el invierno.

En los periodos positivos las relaciones amorosas de este elemento trasmiten ternura, ecuanimidad y cautela, potenciales que les facultan conducirse con la sagacidad necesaria para remediar el origen de sus conflictos cuando aparecen.

Tienen una capacidad increíble para razonar, aunque su personalidad reservada, profunda y turbia los lleva a ser propensos a la melancolía. También presentan falta de seguridad y audacia. La creatividad es una de las principales características que representan a este elemento, también la adaptación, dulzura, piedad y simpatía. Sin agua no existieran los seres vivos en la tierra, este elemento es puro y cristalino, cualidades que tienen quienes pertenecen a este elemento.

Las personas que pertenecen a este elemento son afables y tienen un estupendo dominio sobre los demás. Tienen una intuición original, lo que les permite conquistar rápidamente. La resistencia, y la lucidez les da la oportunidad de predecir eventos.

Pueden percibir las facultades de los demás, inspirarlos de forma efectiva, pero son discretos y no dejarán que otros noten que los están utilizando.

Los abusos con el sodio o los alcaloides, y los prototipos de vida que se apartan de los estructuras comunes son muy perjudiciales para las personas nacidas bajo el elemento agua. Respetar las horas de sueño, mantener una salud mental y emocional relajada, y tener contacto con el agua restaura su armonía, y optimizan sus energías.

Los que pertenecen a un signo del elemento agua pueden tener profesiones afines con la madera y el fuego y ser exitosos, tener trabajos que se relacionen con su propio elemento, y declinar las carreras, funciones y trabajos que se relacionan con la tierra, ya que la tierra somete al agua.

Compatibilidad e Incompatibilidad

Son compatibles:

Rata – Dragón – Mono.

Se relacionan a través de sus personalidades que son muy activas y amistosas. Los tres son esforzados, impacientes, apasionados e intranquilos, y siempre tienen en su mente grandes aspiraciones. Están repletos de ideas, tienen la resistencia y el coraje que se requiere para ejecutarlas, aportando siempre soluciones innovadoras, inesperadas, sorprendentes y poderosas.

Tigre – Caballo – Perro.

Están conectados por la satisfacción que sienten cuando interactúan. Los une su pudor, dignidad, honradez y un obstinado altruismo. Perspicaces, astutos y comunicativos, aunque un poco violentos y estrictos, pelean vigorosamente contra las desigualdades, violencias e ilegalidades. Estos tres signos nunca venden su conciencia.

Buey – Serpiente – Gallo.

A estos tres signos los unen su formalidad, sensatez y la seriedad que alcanzan durante en su vida. Enérgicos, emprendedores e incansables, inflexibles en sus resoluciones, les gusta recapacitar y planificar con tranquilidad antes de obtener compromisos que lamentarían después. Su carencia es la frialdad, ya que para ellos la razón debe predominar sobre las emociones.

Conejo -Cabra -Cerdo.

Tres signos emotivos que además los une su creatividad. Instintivos, susceptibles, sensitivos y retraídos, se acomodan fácilmente a su hábitat, y como buenos aprovechados no les importa depender de los demás. Sus afirmaciones diarias siempre llevan implícitas las palabras: perfección, alianza y conformidad.

Nota: *Son enemigos contrarios los signos opuestos:*

Rata -Caballo	*Buey - Cabra*	*Tigre - Mono*
Conejo - Gallo	*Dragón -Perro*	*Serpiente - Cerdo.*

Serpiente

Características

La serpiente tiene facultades paranormales o psíquicas. El conocido sexto sentido, permite que las serpientes presientan los riesgos y se arriesguen a ciegas con nuevos planes, meramente porque han tenido una corazonada.

La serpiente es perceptiva, y es capaz de esclarecer los difíciles actos de los humanos. Esa es la razón por la que encontramos psicólogos, médiums y parapsicólogos entre las personas de este signo.

La serpiente sabe cómo ayudar a quien lo necesite, mientras no afecte su cuenta de banco. En ocasiones exhibe tendencias al materialismo, y aunque no es avara, le cuesta ser desprendida. Tiene una tendencia a ahorrar excesivamente, y después no encuentra cual es el uso adecuado para ese dinero porque sólo la idea del gasto le causa ansiedad. No obstante, le gusta apostar en algunos juegos, ya que nació con una estrella.

Es posesiva en el amor, y no soporta que su pareja la engañe, por esa razón son celosas. Las serpientes son presumidas, son muy buenas amantes y disfrutan dejarse llevar por el dominio de otra persona de forma tranquila. Son serenas y detestan las sorpresas. Son condescendientes con ellas mismas, pero son muy duras cuando se trata de exigir a los demás.

Las serpientes adoran el abundancia, y estar rodeadas de belleza. Por esta razón, muchas serpientes buscan parejas con estatus económico.

Es poco probable que una Serpiente tenga problemas de dinero, ya que ella consigue lo que necesita en el momento adecuado. Si por casualidad padece de una pérdida económica importante, esa circunstancia no se repetirá ya que la Serpiente asimila ágilmente. Ella puede llegar a remediar las carencias a una rapidez extraordinaria, y en general es muy sensata en los negociaciones.

Cuando una Serpiente se llena de rabia y furia, su resentimiento no tiene límites, su hostilidad furtiva y taciturna se queda intensamente enraizada. Su enfado se revelará más en una humillación, que en una disputa violenta. Ella está siempre un paso adelante de cualquier sospecha y tiene el poder de esperar el momento exacto para una venganza.

En cuanto a las pareja, se guía por sus propias reglas. Disfruta el poder, y todo lo que simboliza, incluyendo evidentemente el dinero, y si ella no puede conseguirlo por sí misma, se casará con quien lo posea o se asociará.

Independientemente de lo próspero, o necesitado que sea su pareja, ella se convertirá en su fuente de capital. Y si por casualidad él o ella no han conseguido un sitio importante, pero posee las habilidades, la Serpiente como sea lo empujará al éxito. Estudiará lo necesario, y procederá como una admirable magistrada, sin dejar de indicarle perspicazmente cada ocasión que se le revele en el camino.

Todas las Serpientes tienen un extenso sentido del humor. En las dificultades, la Serpiente siempre sale con un chiste que levanta los ánimos. Aunque se halle en la peor de los dificultades, la Serpiente nunca dejará de usar esa chispa.

Las mejores relaciones para la Serpiente son el Buey, el Gallo y el Dragón. También forman una buena combinación con la Rata, el Conejo, la Cabra y el Perro.

Debe estar lejos del Tigre que tal vez no estime su sagacidad. El Caballo es una relación vulgar, y la picardía del Mono desafiará el discernimiento de la Serpiente.

Entre dos Serpientes puede darse una armonía apacible, pero con el Cerdo no tienen nada en común.

Serpiente

Serpiente de Agua

Las Serpientes de Agua son astutas, y activas, pero muy cariñosas. En ocasiones abandonan sus hogares a una edad prematura, para construirse un futuro decente debido a su infortunado tronco familiar.

Estas Serpientes valoran cada oportunidad y se desarrollan en los negocios debido a sus personalidades aventureras. Vivirán una vida sólida en la edad madura después de vivir varios altibajos.

La Serpiente de Agua debe pensar tres veces antes de decidir en que invertir sus energías, porque, aunque son muy comunicativas en diversas situaciones cambian de opinión.

La Serpiente de Agua es la más perspicaz de todas las Serpientes. Sus intereses varían porque su conocimiento es universal, sin embargo, ella trabaja constantemente en sí misma, y siempre esta actualizada. La mayoría de las veces, la Serpiente de Agua se encuentra en la cultura, la cosmografía, y la banca, donde se consagran a vaticinar. Tiene muchos devotos que valoran sus virtudes. Es psicóloga de las personas, y sabe cómo manipularlas.

Es serena e imparcial, pero realmente es vengativa, y si su paciencia infinita se agota, prepárate para una mordida mortífera.

Serpiente de Madera

Las Serpientes de Madera le dan mucha importancia a la organización, y adoran vivir en un medio lujosamente decorado.

Las Serpientes de Madera tienen talento para valorar las artes y son super creativas. Su gusto es delicado y saben diferenciar las buenas trabajos de los malos. Les encanta coleccionar cosas antiguas, y tienen talento para cuidarlas.

La Serpiente de Madera posee unas cualidades sobresalientes, cuando la comparas con las otras Serpientes. Es festiva, humorística, comunicativa y atenta. Siempre está rodeada de muchos amigos que aprecian su sabiduría y capacidad de servicio. Ella también los valora, pero no admite que nadie invada su alma.

Esta Serpiente opta funcionar sola o en un grupo chiquito y afable, donde todos sean iguales, donde nadie de órdenes porque ella odia los sermones. Ella no tolera las discordias y los conflictos.

Es la Serpiente más honrada, con una sabiduría y perspicacia aguda del equilibrio del poder. Necesita una rotunda independencia mental, y es perseverante en sus acciones. La Serpiente de Madera siempre busca y consigue estabilidad mental, emocional y financiera. Esta Serpiente tiene la capacidad de expresar sus ideas con firmeza y puede ser una predicadora convincente.

El elemento Madera hace que la Serpiente sea seductora y encantadora. Ella brilla como un reflector, no persuade a los demás de su ingenuidad, sino que los remolca con ella. Esta Serpiente habitualmente tiene antojos costosos, no obstante, debido a esa vanidad, puede tener una idea equivocada sobre sí misma. A medida que esta Serpiente ambiciona la devoción pública, hará lo imposible para alcanzar el triunfo a largo plazo y en grande.

Serpiente de Fuego

Las Serpiente de Fuego tienen experiencia y sabiduría, piensan más rápido y ven más notoriamente que los demás, y son muy habladoras. Son activas, y aman el drama. Nacen para ser comediantes y danzadores. Saben cómo exponer absolutamente sus sentimientos en los historias, aunque es poco usual que cuenten su vida privada.

Esta Serpiente tiene sus opiniones propias, y no tiene temor de expresarlas. Pero si la molestan, espera adjetivos o calificativos tóxicos y crueles. Estas cosas no se ajustan bien con su aspecto y conducta. Es tratable, asequible y una buena líder.

Esta Serpiente tiene muchas amistades que la admiran de corazón por su asombroso sentido del humor, la capacidad de colocar una palabra perspicaz, e impedir repentinamente cualquier burla. La Serpiente de Fuego debe aprender a ser flexible con las faltas de las otras personas.

Esta Serpiente es vigorosa, mental y físicamente. Tiene Fuego de sobra, y esto la hace ardiente y ansiosa. Seductora a los ojos de todos, y equipada de gracia, puede hipnotizar a cualquier persona. Personifica la confianza en sí misma y puede ser líder.

La Serpiente de Fuego puede batallar abiertamente, y es por naturaleza extraordinariamente suspicaz, confiando solo en ella misma. Es descomunalmente rápida para castigar, es fuerte, dotada de un afán extravagante de notoriedad, riqueza y poder, y por lo tanto insiste en resultados precisos.

Serpiente de Tierra

Las Serpientes de Tierra saben controlar sus sentimientos porque son muy razonables. Sus relaciones románticas son intensas, sufren de muchas rupturas sentimentales a los largo de sus vidas, pero pueden recuperarse rápidamente debido a su raciocinio.

Las Serpientes de Tierra no les gusta que las controlen, nunca debes cuestionarlas. Tienen muchas posibilidades para ganar dinero, no obstante, es muy difícil para ellas ahorrarlo. A veces cometen tantos errores que pierden de vista oportunidades genuinas. Ellas deben ser más estables y eficientes.

La Serpiente de Tierra siempre es orientada. Nunca esta apurada porque de esta forma evita no dar pie con bola. Cumplirá todas las tareas con exactitud, y pretenderá mucho más si su trabajo es apreciado. Se puede confiar en esta Serpiente en los negocios, específicamente en trabajos que requieran exactitud y honradez.

Las Serpientes de Tierra son bondadosas, y tienen la capacidad de empatizar con los demás. Ella posee muchas amistades amigos, y es protectora de su familia.

Es una Serpiente sincera, tiene principios, valores y es porfiada. Por su facultad de ver las cosas antes que los demás, e intereses sinuosos congénitos, sabe coger el mando y resolver cualquier situación donde reine el caos. Una

Serpiente de Tierra es difícil de frenar, y nunca le interesa la opinión pública.

Esta Serpiente es constante en sus opiniones y siempre se reserva la facultad de elegir sus propias decisiones. Ella posee una gracia innata para estar a la moda, y sabe cómo usarlas.

Serpiente de Metal

La Serpiente de Metal se respeta a sí misma, es muy valiente y capaz, y están rodeadas de muchos seguidores de todos los áreas de su vida. La mayoría de ellas tienen un aspecto majestuoso, siendo super elegantes.

Estas Serpientes poseen mucha confianza en sí mismas y dan la sensación de ser arrogantes. Se siente cómoda haciendo todo por sí sola. Es una estratega genial, con un olfato refinado de cuándo, y como esforzarse para obtener beneficios. Solo está interesada en sus amistades y familiares, los demás son indiferentes para ella.

Esta Serpiente tiene una mente sutil, y una indomable fuerza de voluntad. Es muy exquisita en sus gustos, vigilando correctamente todas las ocasiones y oportunidades, para dar el próximo paso. A ella le gusta desplazarse con rapidez y en silencio, conoce cómo tomar una posición beneficiosa antes de que nadie pueda frenarla.

Una Serpiente de Metal siempre trata de obtener el mayor beneficio de todo lo que halla en su vida, siendo más prudente, ambigua y constante que las otras Serpientes. Esta Serpiente sabe deshacerse de sus oponentes, y de las personas que la envidian.

Predicciones 2023

Serpiente

El 2023 trae algunos cambios importantes. Algunos de ellos pueden ser útiles y algunos de ellos podrían necesitar tu atención y precaución. A principios de año, existen las posibilidades de recuperarte económicamente. Sin embargo, debes controlar tus gastos y mejorar los ahorros para que puedas administrar tus finanzas. Si te planificas adecuadamente, es posible que te salves de una crisis financiera.

En el 2023 una fuerte influencia energética estará afectando tu inteligencia y tu mente subconsciente, por lo tanto, debes mantener tus pensamientos bajo control.

Debes estar muy atento a tus pensamientos y toma de decisiones porque puedes terminar en el lado equivocado. Para neutralizar este efecto, anota tus planes y busca consejos de expertos para que las energías positivas puedan ayudarte a obtener éxito, tanto en lo personal como en lo profesional.

La salud debe ser uno de tus principales enfoques. Hacer un poco de ejercicios ligeros y meditación sobre una base regular podría ser beneficioso. No comprometas tus hábitos alimenticios saludables y trata de evitar la comida chatarra. También necesitas evitar el estrés innecesario.

Tu sistema inmunológico es fuerte, pero sin un seguimiento, puedes terminar con problemas de salud. Además, existe la posibilidad de que tengas problemas relacionados con los ojos y el estómago. Por lo tanto, es recomendable que uses cualquier pantalla ocular mientras usa dispositivos electrónicos. No te estreses demasiado con tus pensamientos negativos.

No te acostumbres a depender de la mera suerte y pon todos tus esfuerzos mientras toma riesgos calculados. La investigación y el análisis adecuados pueden brindarte información para tomar las decisiones correctas de hacer las cosas.

Los obstáculos más prominentes este año para ti podrían venir debido a la falta de comunicación o malentendidos. Tienes que ser muy paciente mientras hace cualquier papeleo o mientras tiene conversaciones relacionadas con el trabajo. Trata de mantener una mentalidad más enfocada, y prepárate para cambios positivos importantes o repentinos en los negocios.

Existen oportunidades para casarte con la persona que realmente ama, pero de no ser así, es seguro que habrá un romance al estilo Disney en el 2023. El año será favorable, pero de todos modos puedes enfrentar altibajos en términos de amor y relaciones.

Puedes perder interés en la vida, pero no exageres, trata de ser fiel a ti mismo y a la persona que amas. Renuncia a los malentendidos y las actitudes agresivas para ayudar a que tu vida amorosa crezca.

Tu vida familiar será satisfactoria, sin embargo, alguien muy cercano a ti estará muy sensible. Debes cuidar tus acciones y tus palabras, de lo contrario se puede crear en un clima opresivo.

A mitad de año tenderás a carecer de perseverancia y continuidad en tus ideas. Continuarás siendo emprendedor y muy activo, pero tu entusiasmo declinará repentinamente y te expones a renunciar algunos de tus proyectos por el camino. Tienes que luchar contra esa tendencia con todas tus fuerzas. Específicamente, porque con buena voluntad y perseverancia lograrás llevar a cabo con éxito tus planes.

Podrás escaparte de las trampas más peligrosas en tu profesión: el desorden y la falta de diligencia. Concentrarás toda tu energía en objetivos específicos, y ganarás en eficiencia. Además, te beneficiarás de un buen juicio y sabrás cómo tomar las decisiones correctas. Tus jefes apreciarán tu confiabilidad y te ordenarán responsabilidades adicionales.

Debes mejorar la relación con tu entorno, muchas veces piensas que quienes te rodean no hacen las cosas correctamente, pero a veces eres tú la persona que ha incurrido en un error

Si quieres encontrar a una persona y formar una relación, no seas exigente ni pongas tantos requisitos a la hora de conquistar, eso aburre y aleja a quienes se acercan a ti.

Combinación de los Signos Zodiacales con el Horóscopo Chino

Cuando combinas los horóscopos Orientales y Occidentales, es increíble la conexión que existe y lo certeros que son.

Los horóscopo chino y el occidental son los que más se utilizan. Si tienes la posibilidad de entenderlos profundamente esto te facilitará utilizarlos y tener un enfoque centralizado.

Ambos horóscopos están basados en la posición de las estrellas, pero en el horóscopo chino se utilizan 28 constelaciones, y en el occidental 88. Los dos coinciden en que tienen12 segmentaciones esenciales. El horóscopo chino está fundamentado en 12 animales que gobiernan cada año, y el occidental en 12 signos que rigen cada mes.

El Horóscopo chino se basa en el calendario lunar, y es el horóscopo más viejo que se conoce hasta ahora. Probablemente tu signo zodiacal coincida con tu signo en el horóscopo chino, pero eso no ocurre con frecuencia. Si ese fuera el caso las predicciones serían más certeras.

Existe una equivalencia entre los signos de ambos horóscopos:

Aries/Dragón, Tauro/Serpiente, Géminis/Caballo, Cáncer/ Cabra, Leo / Mono, Virgo/ Gallo, Libra / Perro, Escorpión / Cerdo, Sagitario / Rata, Capricornio/Buey, Acuario / Tigre, y Piscis / Conejo.

Combinaciones

Serpiente

Aries / Serpiente

Esta es una persona con una fuerza de voluntad extraordinaria. Es pausado y metódico, y nunca confía en la opinión de otras personas. Sobresal su actitud de ser prudente y de siempre intuir lo que es mejor en una determinada situación.

La Serpiente sabia le otorga a Aries el don de la intuición y con esto le garantiza el éxito. Sus decisiones son siempre precisas y oportunas, obtienen con facilidad todo lo que planifican. Tienen una facultad increíble de influir en el destino de toras personas.

Tauro /Serpiente
Estas personas dan la sensación de ser personas positivas, pero necesitadas de cariño. Los aman por temperamento equilibrado. Tienen una paciencia infinita y por esa razón siempre cumplen sus metas.

La unión entre el Tauro esforzado y la Serpiente inteligente es exitosa, es una energía reforzada con pragmatismo, serenidad y sensatez.

Géminis/ Serpiente
Estas son personas repletas de entusiasmo y optimismo. A pesar de su versatilidad no es superficial, sino más bien proclive a la abstracción y el razonamiento.

Las personas de esta combinación son organizadas, lo cual no es característico del signo Géminis. La unión de la Serpiente y Géminis es interesante ya que estos dos signos se mejoran entre sí. Sin embargo, pueden ser exigentes.

Cáncer /Serpiente
Esta unión da un individuo misterioso. La peculiaridad principal es su intuición. No tolera las críticas poco agradables sobre sí mismo, aunque es una persona atractiva y divertida que sabe cómo agradarle a los demás.

Es muy inteligente, sensible, y correcto, por lo ende, las conversaciones con él están llenas de energías positivas.

Leo /Serpiente

Esta mezcla da individuos carentes de pragmatismo. Ellos participan activamente en la vida de las demás personas. Es una persona muy fuerte que siempre requiere requisitos excesivos. Ellos piensan que son la última coca cola del desierto, por ende, siempre le están reclamando a los demás, aunque lo hacen con tacto y diplomacia.

Es una personas muy sociable, comunicativo, cortés, pero esconde esmeradamente sus verdaderos sentimientos.

Virgo/ Serpiente

De esta combinación se da una persona tranquila que infunde confianza en las demás personas. Es notable no solo su belleza externa sino también sus buenos modales y educación. Tiene una intuición super desarrollada y una mente metódica. Dedica mucho tiempo a reflexionar para poder sacar conclusiones.

Es una persona un poco silenciosa, pero cuando se comunica es interesante ya que disfruta de las bromas y comparte temas neutros.

Libra/ Serpiente

Ese es el individuo más diplomático que existe sobre la faz de la tierra. Es una mezcla afamada porque estas personas son muy tranquilas y ecuánimes. Son super son educados, y respetan las opiniones de los demás.

Ellos no requieren aprobación exterior porque tienen mucha confianza en sí mismos. Son fáciles de tratar, son optimistas sobre el futuro, y con su encanto atraen a todo tipo de personas a sus vidas.

Sin embargo, no son tan inocentes como parecen, su sabiduría pasa todos los límites, y sus puntos de vistas son de otros mundos.

Escorpio/ Serpiente

Esta mezcla es propensa a acciones impredecibles. Su voluntad es muy fuerte.

Es literalmente imposible confundir a esta combinación porque ellos siempre actúan de acuerdo con sus propios ideales. Exclusivamente hace lo que piensa que es necesario, y en el proceso aflige a los demás. Todo el que la rodea tiene que someterse a su voluntad, y si hacen lo contrario te conviertes en su enemigo. Simultáneamente busca su paz interior.

Sagitario /Serpiente

Esta combinación es la más atractiva y sociable de todas las Serpientes. Es carismática, pero llena de contradicciones. Es inteligente, y perspicaz, pero con capacidad de tomar decisiones precipitadas, porqué es también emocional e impulsiva.

Los que lo rodean casi nunca los entienden y tampoco aprueban su estilo de vida tan raro.

Capricornio/ Serpiente

Esta persona tiene un intelecto desarrollado, es sensata y tiene una sangre fría que asusta. Es totalmente indiferente a los demás, y nunca necesita su apoyo.

En ocasiones reacciona con furia cuando la critican. Tiene una mente super dotada, y siempre calcula cualquier situación por adelantado. Es muy controlada, nunca se da el lujo que las emociones la dominen, pero por supuesto tiene muchos defectos que la hacen ser una persona común.

Acuario /Serpiente

Esta mezcla se pasa la vida añorando nuevas experiencias. Esta combinación es simpática ya que es una persona eficiente con un pensamiento transformador.

Tiene destrezas prominentes y aptitudes incomparables. Lo más importante para ellos es no parecerse a nadie. Tienen una energía con tal magnitud que superan con facilidad cualquier obstáculo.

Piscis /Serpiente

Aquí tenemos una persona moderada y educada. Considerada un modelo de justicia.

La Serpiente le da respetabilidad, poderío y firmeza. Es distinguida por su cortesía y paciencia, también por sus caprichos y sus deseos de venganza si te atraviesas en su camino. Es muy efusiva, y desea vivir pasiones las 24 horas del día.

Ritual para comenzar el Nuevo Año Chino 2023

El Año Nuevo Chino debes recibirlo con alegría, música y una espléndida comida familiar. Es un período para festejar, y concentrarse en la suerte y prosperidad para el próximo año. Debes usar ropa nueva porque esto simboliza un nuevo comienzo. Un color resonante, como el rojo, que generalmente representa la armonía, buena suerte y bienestar, es genial para este día. Evita ponerte blanco o negro durante la espera del Año Nuevo, ya que estos son los colores que usualmente las personas visten para los funerales.

Hacer una limpieza para estar preparado para el Año Nuevo Chino, en forma de ritual, es muy beneficioso. Con esta limpieza se intenta alejar los malos espíritus que podrían estar escondidos en las esquinas de la casa. Usualmente las personas cambian los muebles o los mueven de lugar, retocan la pintura de su hogar, reparan lo que esta dañado, y lavan las ventanas con agua abundante.

Ritual de Purificación Energética

Esa misma tarde, antes de que comience el año, debes limpiar tu casa, abrir todas las ventanas para que se ventile, y poner flores blancas y amarillas en todos las áreas comunes de tu hogar. Específicamente en la entrada debes colocar incienso de canela, sándalo, eucalipto o lavanda, o un sahumerio de Palo Santo, Salvia Blanca o Vainilla.

Debes sahumar bien la casa. Sahumar es la acción de crear humo, generalmente usando inciensos, para aromatizar el medio ambiente, y para emplearlo como una instrumento de depuración y limpieza. Su particularidad es que expulsan una fragancia placentera, a la cual se le adjudican propiedades relajantes. Muchas personas usan los sahumerios con el objetivo de cambiar las vibraciones energéticas de su hogar.

Si tienes un sahumerio que vas a pasar por todas la casa, recuerda que debes realizar movimientos circulares hacia la derecha. Si tienes la intención de purificar un área personal, debes comenzar por tu propio cuerpo comenzando por tus pies hasta la cabeza, y después regresar a la parte del corazón, siempre haciendo círculos leves.

Como este es el año del Conejo es recomendable tener un par de conejos de metal o madera en tu hogar, y si tienes la posibilidad, algunos de cristal ya que estos representan el elemento del año: el agua.

Sino tienes esa oportunidad entonces puedes simbolizarlo con imágenes, retratos, o figuras. Considéralo un talismán de la suerte, porque al final el conejo se esfuerza para salvaguardar la prosperidad. Traerá mucha riqueza a tu hogar.

Otra recomendación para el 2023 es que pintes alguna de las paredes de tu hogar de azul celestial. Este color es uno de los colores de la prosperidad para este nuevo año. Mucho cuidado con atiborrar tu casa de azul, nunca debes olvidar que mantener el equilibrio es lo más importante. Si te excedes en el color azul estarás atrayendo desánimo o apatía.

Otra alternativa u opción, es llevarlo contigo, en forma de brazalete, aretes colgantes, péndulos, dormilonas, en un anillo, llavero o un talismán dentro de tu bolsillo, o cartera. Si tienes las dos cosas el conejo y el agua, esto formará una asociación de riqueza, resguardo y buena suerte en tu vida, en tu hogar u oficina. Ten en mente siempre que todo se acompaña de constancia y esfuerzo.

Si puedes comprarte unas plantas como la Albahaca que tiene una gran capacidad de generar abundancia, además de su poder para alejar y trasmutar las malas vibraciones, no te arrepentirás. Tener Jazmín sería otra buena opción, tu hogar estará siempre aromatizado y con buenas vibraciones. Debes tener jazmines frescos en tu casa siempre que tengas la posibilidad, pero lo más vital es que el primer día del año chino estén en cualquier rincón de tu hogar.

La Decoración de tu Hogar de acuerdo con el Feng Shui

El Feng Shu es una filosofía China que examina el entorno, basándose en la teoría del Yin y el Yang, y los Cinco Elementos.

Los expertos han demostrado que zonas de la antigua china eran escogidas regularmente en territorios que están circundados de montañas y tenían un río. Solamente no era porque esas zonas proporcionaban los criterios primordiales para sobrevivir, sino que lo hacían para cumplir con los patrones que establece el Feng Shui.

La idea principal del Feng Shui es lograr el equilibrio entre la humanidad y el Universo. Si existen buenas energías, hay equilibrio, ya que el Feng Shui incide en el destino de cada persona.

A través del estudio del Feng Shui, los seres humanos pueden trabajar en su compatibilidad con la naturaleza, su entorno y sus vidas, para lograr más prosperidad, y salud en la vida.

Teoría de los Cinco Elementos

La teoría de los Cinco Elementos es un componente del Feng Shui. Estos Elementos son importantes para precisar el Feng Shui adecuado en un espacio determinado. Estos elementos son: Fuego, Tierra, Metal, Agua y Madera, y cada uno tiene una particularidad que simboliza aspectos concretos de la vida.

Los Cinco Elementos son la expresión que utiliza el Feng Shui para explicar la estructura de la naturaleza, y estos elementos actúan en conjunto y siempre deben estar equilibrados.

El Feng Shui para los Doce Signos del Horóscopo Chino

Signo de la Rata

El Agua favorece a las personas que nacieron bajo el signo de la Rata, las ayuda a obtener prosperidad. Para obtener abundancia deben poner una pecera con peces dorados en la parte Norte de su oficina.

Signo del Buey

Las personas de este signo lograrán obtener prosperidad si utilizan el elemento Fuego. Para lograrlo deben poner artículos de porcelana o cerámica en sus negocios u oficinas, y en su hogar.

Signo del Tigre

El elemento tierra es el que deben utilizar los individuos que pertenecen al signo del Tigre. Deben agregar algo relevante que simbolice este elemento tierra. Una maceta con una planta, o una flor natural que crezca puede traerle la prosperidad sus vidas.

Signo del Conejo

Para tener suerte y atraer la abundancia, las personas del signo del Conejo requieren un elemento secreto de tierra en sus vidas. Debe esconder un cuarzo de jade o de Citrina en la parte Noreste de su casa u oficina.

Signo del Dragón

El Noroeste es excelente para los que nacieron bajo el signo del Dragón. En esta dirección deben poner una recipiente con agua clara mezclado con un poquito de tierra. Otra opción es colocar una Flores de Loto en un cuenco.

Signo de la Serpiente

La prosperidad llegará a la vida de los individuos que pertenecen al signo de la Serpiente si utilizan objetos de Metal, específicamente el Oro y la Plata, en su hogar u oficinas.

Signo del Caballo

El Noroeste es la posición recomendada para las personas del signo del Caballo para obtener un gran capital. Deben poner un rana de Metal en el Noroeste de su hogar o negocio.

Signo de la Cabra

El Norte es el punto cardinal apropiado para las personas que nacieron bajo el signo de la Cabra. Deben poner una cajita de madera, u otro objeto de madera, en el Norte de sus oficinas u hogar. Si utilizan una cajita de Madera, adentro deben poner un objeto afín a su profesión en la misma. Por ejemplo, un escritor puede colocar un lápiz en la cajita.

Signo del Mono

Para que la prosperidad llegue a la vida de las personas que nacieron bajo el signo del Mono, deben colocar en la parte Oeste de la casa o el negocio, una planta de su tamaño, o más grande, en ese punto cardinal.

Signo del Gallo

La buena suerte llegará a la vida de los que pertenecen al signo del Gallo, si colocan algunas semillas en un vaso, botella o tazón de color rojo oscuro. No deben utilizar nada de Metal.

Signo del Perro

Las personas que pertenecen al signo del Perro deben prescindir los elementos Agua y Tierra en sus vidas. Pueden poner troncos o ramas de plantas en su oficina u hogar, pero no pueden ponerlo en Agua o Tierra.

Signo del Cerdo

Las personas que nacieron bajo el signo del Cerdo requieren el elemento Fuego en sus vidas para traer la buena suerte. Pueden colocar una bandeja de cerámica, u otros artículos hechos de barro en sus casas oficinas. Los artículos de cerámica son pasados por el fuego para su terminación.

Acerca del Autor

Además de sus conocimientos astrológicos, Alina Rubi tiene una educación profesional abundante; posee certificaciones en Sicología, Hipnosis, Reiki, Sanación Bioenergética con Cristales, Sanación Angelical, Interpretación de Sueños y es Instructora Espiritual. Ella posee conocimientos de Gemología, los cuales usa para programar las piedras o minerales y convertirlos en poderosos Amuletos o Talismanes de protección.

Rubi posee un carácter práctico y orientado a los resultados, lo cual le ha permitido tener una visión especial e integradora de varios mundos, facilitándole las soluciones a problemas específicos. Alina escribe los Horóscopos Mensuales para la página de internet de la American Asociation of Astrologers, Ud. puede leerlos en el sitio www.astrologers.com. En este momento escribe semanalmente una columna en el diario El Nuevo Herald sobre temas espirituales, publicada todos los viernes en forma digital y los lunes en el impreso. También tiene un programa y el Horóscopo semanal en el canal de YouTube de este periódico. Su Anuario Astrológico se publica todos los años en el periódico "Diario las Américas", bajo la columna Rubi Astrologa.

Rubi ha escrito varios artículos sobre astrología para la publicación mensual "Today's Astrologer", ha impartido clases de Astrología, Tarot, Lectura de las manos, Sanación con Cristales, y Esoterismo. Tiene un video semanal sobre temas de astrología en el canal de YouTube del Nuevo Herald. Tuvo su propio programa de Astrología trasmitido diariamente a través de Flamingo T.V., ha sido entrevistada por varios programas de T.V. y radio, y todos los años se publica su "Anuario Astrológico" con el horóscopo signo por signo y otros temas místicos interesantes.

Es la autora de los libros "Arroz y Frijoles para el Alma" Parte I, II, y III una compilación de artículos esotéricos, publicada en los idiomas inglés y español, "Dinero para Todos los Bolsillos", "Amor para todos los Corazones", "Salud para Todos los Cuerpos, Anuario Astrológico 2021, Horóscopo 2022, Rituales y Hechizos para el Éxito en el 2022 Hechizos y Secretos, Clases de Astrología, Rituales y Amuletos 2023 y Horóscopo Chino 2023 todos disponibles en siete idiomas.

Tiene su canal de YouTube con temas de psicología, esoterismo y astrología, donde puedes disfrutar de videos sobre las almas gemelas, la rencarnación, el lenguaje corporal, los viajes astrales, el mal de ojo, los hechizos y muchos temas más.

Rubi habla inglés y español perfectamente, combina todos sus talentos y conocimientos en sus lecturas. Actualmente reside en Miami, Florida.

Para más información pueden visitar el website www.esoterismomagia.com

Angeline A. Rubi es la hija de Alina Rubi. Desde niña se interesó en todos los temas esotéricos y practica la astrología y Kabbalah desde los cuatro años. Posee conocimientos del Tarot, Reiki y Gemología. No solo es autora, sino editora de todos los libros publicado por ella y su mamá.

Para más información pueden contactarla por email: rubiediciones29@gmail.com